山口はるの
の

かんたん！ おいしい！

# 美的創作 「豆腐」レシピ

清流出版

# は じ め に

　豆腐は、低カロリーなうえに、満腹になるのでダイエットに最適な食材として、真っ先に挙げられることが多い食材です。

　良質なタンパク質と脂質をはじめ、近年は世界的にも注目されているイソフラボンなど、美容と健康によいとされるさまざまな栄養素を含んでいます。特にイソフラボンは女性ホルモンに似た働きをするので、更年期障害など女性ホルモンの減少に伴って起こる症状の緩和への効果が期待されていることを、ご存じの方も多いことでしょう。

　そんな優れた栄養価と、いつでも手に入りやすく、なおかつおいしくて食べやすいことが豆腐の魅力。古来から「味がないようで味があり、平凡に見えて非凡」と言われています。この未来へ残したい日本の誇るべ

き食材を伝えるために、私は2016年1月から、正式に豆腐創作料理研究家としての活動をスタートし、多くのレシピ作りに励んできました。

　おいしいお豆腐は、さっとそのまま、または、おしょうゆをかけて食べるだけで十分満足できるものだとは思いますが、いつもその食べ方だけでは飽きてしまいますよね。豆腐は、他の食材と組み合わせても、絶妙のバランスを発揮する優等性です。そんな豆腐を使って、簡単に作れるレシピをたくさんご紹介します。

　これでもう、毎日の献立に悩まずにすむ、と思っていただけたら、これほどうれしいことはありません。本書が皆様のお役に立てることを願っています。

山口はるの

# Contents

## PART ①
# 絹ごし豆腐
# 冷やっこレシピ

### 調理時間10分以内
### かんたんのせるだけ

### 調理時間30分以内
### ひと手間でおいしく

PART ② 木綿豆腐 冷やっこレシピ

PART ③

**絹ごし豆腐
木綿豆腐
温やっこレシピ**

「温やっこ」で
体の中からあたためましょう　84

PART  4

# 豆腐クリーム レシピ

美容と健康によい豆腐

豆腐の見分け方

# 豆腐の種類と特徴

豆腐は、水につけてもどした大豆を粉砕し加熱、
しぼって作った豆乳に、
にがりなどの凝固剤を入れて固めたもの。
本書で使っている豆腐は、絹ごし豆腐、木綿豆腐、
おぼろ豆腐、充填豆腐などです。

## 木綿豆腐

**名前の由来：**型箱の中に木綿の布を敷くため、豆腐の表面にその布目がついたことによります。

**製法の特徴：**豆乳に凝固剤を入れて固めたものを崩し、布を敷いた型箱に入れたあと、一定の圧力をかけて圧縮し、豆腐に取り込まれなかった水分や油分（上澄み＝「ゆ」と言う）を出して成形します。

**合う料理法：**水分量が絹ごし豆腐より少ないので、しっかりとした食感を楽しみたいときや、形を残したい料理に適しています。表面がでこぼこしている分、絹ごし豆腐よりも味のしみこみがよいので、味のからみを重視する料理のときにおすすめです。

## 絹 ご し 豆 腐

**名前の由来**：絹のようになめらかな口あたり、きめ細かい肌目にちなんでいます。絹の布を使って作っているからではありません。

**製法の特徴**：木綿豆腐とは違い、穴がなく、布も敷かない型箱の中に豆乳を流し込み、凝固剤を入れて攪拌し、一定の時間おいて固めます。圧縮や、「ゆ」取りをしないため、木綿豆腐より濃い豆乳を使用。

**合う料理法**：なめらかな口あたりを楽しみたい料理に。

## 充 填 豆 腐

**名前の由来**：冷えた豆乳と凝固剤を1丁ずつ容器に入れて注入（充填）・密閉し、加熱して凝固させたもの。型箱に入れずに、水さらしもしません。

**製法の特徴**：機械化・大量生産に向いていて、つるりとした食感と日持ちがいいのが特徴。写真のように豆腐パックの中に水が入っていないものが充填豆腐です。

**合う料理法**：食感は絹ごし豆腐でも、比較的くずれにくい。

## 寄 せ 豆 腐 （ お ぼ ろ 豆 腐 ・ ざ る 豆 腐 ）

**名前の由来**：寄せたままのもの、から寄せ豆腐。別名のおぼろ豆腐は、おぼろ月夜のもやもやとした状態に似ていることから、ざる豆腐はざるに盛ることからそう呼ばれるようになりました。

**製法の特徴**：木綿豆腐の行程中、型箱へ入れる前の寄せた状態（固めた状態）のものを器にとって盛ったもの。

**合う料理法**：やわらかな口どけを楽しみたい料理に。

# 木綿豆腐と絹ごし豆腐の栄養価の違い

　豆腐の原料は大豆です。大豆は「畑の肉」と言われているように、良質なタンパク質やカルシウムが多く含まれます。この原料の大豆成分は、ほとんど豆腐に移行しているようですが、その移行率は、豆腐の種類や作り方によって異なります。

　木綿豆腐と絹ごし豆腐を比較すると、木綿豆腐のほうが栄養価も圧縮されるためタンパク質など、ほとんどの栄養価が高くなりますが、水で流れてしまうビタミンB類やカリウムは絹ごし豆腐のほうが上です。

　カロリーは木綿豆腐のほうが高くなりますが、糖質含有量は絹ごし豆腐のほうが上になります。

　カルシウムや、鉄分を摂りたいときには木綿豆腐、ビタミン$B_1$や、カリウムを摂りたいときには絹ごし豆腐を選ぶのがいいかもしれません。

## 本書のレシピについて

　各レシピの材料として、絹ごし豆腐、木綿豆腐、おぼろ豆腐など、私がおすすめする種類を掲載していますが、絹ごし豆腐が好きな方、木綿豆腐が好きな方など、お好みの豆腐があると思いますので、自由に変えてください。

　また、簡単にぱっと作れるレシピばかりなので、絹ごし豆腐と木綿豆腐レシピには、調理時間を記しました。豆腐の水切りの時間は調理時間に入れてありません。調理時間には個人差があります。あくまでも目安としてください。

　材料の分量も、作りやすい分量にしていただいて結構です。

※本書の計量の単位は、大さじ1は15ml、小さじ1は5mlです。

# 絹ごし豆腐
# 冷やっこレシピ

*Hiyayakko Recipe*

なめらかで、つるっとした食感が食べやすい絹ごし豆腐。
おつまみ、前菜、副菜、デザートに変身。

# 豆腐を
# おいしく食べるために

## 冷やっこの適温は、20℃弱ぐらい

　暑い時期は、どうしても食欲が落ちるものです。そんなとき、ご飯がのどを通らなくても、豆腐だったら食べられたという経験をされた方も多いのではないでしょうか。豆腐と一緒に野菜やお肉も食べれば、栄養効果も得られるので、夏バテ対策にもぴったりの食材といえます。

　ところで、「冷やっこ」なのだから、冷蔵庫でしっかり冷やして食べるのが一番おいしい、と思い込んでいらっしゃいませんか。

　じつは、冷やしすぎると舌が冷たさばかりを感じ、豆腐の風味が感じにくくなります。適温としては 20℃弱ぐらいがおすすめです。夏場であれば、冷蔵庫から出して室温で 10 〜 15 分ほど、キッチンペーパーの上に置いておけば、水切りもできます。その間に、のせる具を作りましょう。

　和の食材というイメージが強い豆腐ですが、じつは、和・洋・中・エスニック風と、どんな味つけにもぴったりマッチします。意外な味の発見に驚かれることでしょう。

# 豆腐の水切り法

　豆腐は 90％が水分。具材と合わせたときに、豆腐から出る水分によって味が変わってしまう料理があるので、お好みで水切りをしてください。

### 軽く水切り

冷やっこには、豆腐を軽く水切りします。ボウルやバットにザルを重ねて、キッチンペーパーを敷いた上に豆腐をのせます。そのまま 10 〜 15 分ほど置きましょう。

### 一般的な水切り

キッチンペーパーで包んだ豆腐をバットにのせ、豆腐の上にまな板やバットなどをのせます。ボウルに水を 1 リットルほど入れ重しにしてのせ、冷蔵庫に入れ 1 〜 2 時間ほど置きます。

### しっかり水切り

重しをのせた豆腐を冷蔵庫に入れ、ひと晩置きます。

# かんたんのせるだけ

# オリーブオイル＆塩

和の豆腐がイタリアン風に大変身

**材料：1人分**

おぼろ豆腐（お好みで絹ごし豆腐
でも）……適量
E.X.V.（エクストラバージン）
オリーブオイル……適量
塩……適量

**作り方**

1　おぼろ豆腐を器にもり、
　　E.X.V. オリーブオイル
　　をかけ、塩をふる。

## *Recipe note*

おぼろ豆腐でなくても、お好みの豆腐でOKです。おいしい豆腐を、シンプルに味わいときにおすすめの食べ方です。
トリュフオイルなど、オリーブオイル以外のオイル使ってもおいしくいただけます。試してみてください。

# 豆 腐 と 相 性 の い い 調 味 料

シンプルに豆腐を味わうオリーブオイルかけは、料理といいがたいほどのかんたんさ。ビールやワインのおつまみとして、やみつきになるおいしさです。豆腐の旨みを引き立たせるために、私は使用する調味料にこだわっています。

### ●オリーブオイル

エクストラバージンオイルがおすすめです。オリーブオイルの中で、もっとも良質。風味や香りのフレッシュさが味わえます。

### ●レモンオリーブオイル

レモンとオリーブを一緒に圧搾したフレーバーオリーブオイルも、お気に入りの一品。レモンの風味の爽やかさが格別です。

### ●しょうゆ

豆腐をそのまま食べる際に、おすすめなのが、加熱殺菌していない「生しょうゆ」です。しょうゆ業界では「生揚（なまあげ）しょうゆ」とも呼ばれています。味がすっきりしているので、大豆の味をじゃましません。

一般的に使われている濃口しょうゆ以外にも、透き通った琥珀色の白しょうゆや、燻製にしたスモークしょうゆなど豆腐に合うしょうゆがいろいろとありますので、その中からお好みの味を見つけてください。

### ●塩

塩には、天然塩、再生加工塩、精製塩がありますが、おすすめは天然塩。精製塩にはない、塩味の中にほんのりと甘味を感じることができます。ハーブソルトなどは、香りと風味がプラスされている便利な調味料です。

# たこプナード

刻むだけのかんたんタプナードで即座にイタリアン

*Recipe note*
たこプナードが余ったら、ご飯に混ぜておにぎりにしても美味です。

**材料：2人分**

絹ごし豆腐……1丁
茹でだこ……30g
ブラックオリーブ……10粒
ケイパー……小さじ2
アンチョビペースト……小さじ½
レモン汁……大さじ1
E.X.V. オリーブオイル……大さじ3
黒こしょう……適量

**作り方**

1 種を取ったブラックオリーブとケイパーはみじん切りにする。茹でだこも細かく切る。
2 ボウルにアンチョビペースト、レモン汁、E.X.V. オリーブオイルを入れてよく混ぜ、黒こしょうで味を調える。
3 2に1を入れて和える。
4 4等分に切った絹ごし豆腐の上に、3を適量のせる。

# ルッコラと生ハム

ほろにがルッコラに生ハムの塩味がぴったりマッチ

### 材料：2人分

絹ごし豆腐…… 1丁
ルッコラ……20g
生ハム……4枚
パルミジャーノレッジャーノ…… 5g
酢……小さじ2
E.X.V. オリーブオイル……適量

### 作り方

1 ルッコラは手で小さくちぎりボウルに入れ、酢をかけて混ぜる。

2 生ハムは1㎝幅に切る。パルミジャーノレッジャーノはピーラーで薄くスライスする。1に入れ混ぜ合わせる。

3 4等分に切った絹ごし豆腐の上に、2をのせ、E.X.V. オリーブオイルをかける。

*Recipe note*

酢は、ホワイトバルサミコ酢やバルサミコ酢がおすすめです。

# かんぱちの胡麻和え

こってりとした胡麻の風味が食欲をそそる

*Recipe note*

かんぱちのほか、鯛や鮪など残りも
のの刺身でリメイクしてもOK！

## 材料：1人分

絹ごし豆腐……½丁
かんぱち（刺身用）……4切れ
練りごま……大さじ1
しょうゆ……大さじ1
酒……小さじ½
白いりごま……適量
ごま油……適量
ラー油……適宜

## 作り方

1　かんぱちは5mm幅に切る。
2　練りごま、しょうゆ、酒を混ぜ、1を入れ
　　5分ほど漬ける。
3　2等分に切った絹ごし豆腐の上に、2をの
　　せ白いりごまをちらし、ごま油、お好みで
　　ラー油をかける。

# クリームチーズとおかか

意外な組み合わせが "はまる" おいしさ

**材料：1 人分**

絹ごし豆腐……½丁
クリームチーズ……40g
かつおぶし……小さじ2
しょうゆ……小さじ1
万能ねぎ（小口切り）……適量

**作り方**

1 クリームチーズはボウルに入れてフォーク
  でつぶす。かつおぶしを加え混ぜ合わせる。
2 2等分に切った絹ごし豆腐の上に、1をの
  せ、しょうゆをかける。好みで、小口切り
  にした万能ねぎちらす。

# ザーサイ＆白ねぎ

黄金の組み合わせは、豆腐と合わせよりまろやかに

材料：2人分

絹ごし豆腐……1丁
ザーサイ……50g
白ねぎ……長さ3cm
ごま油……大さじ1
砂糖、塩……各ひとつまみ

作り方

1 ザーサイは千切り、白ねぎはみじん切りにし、ごま油、砂糖、塩を加えて和える。
2 4等分に切った絹ごし豆腐の上に、1 をのせる。お好みで、さらにごま油（分量外）をかける。

# ツナトマト
定番の組み合わせは、オリーブオイルでシンプルに

**材料：2人分**

絹ごし豆腐……1丁
ツナ缶（小）……1缶
トマト（小玉）……1個（100g）
かいわれ大根……適量
塩麹……小さじ1
E.X.V. オリーブオイル……大さじ1
しょうゆ……適宜

**作り方**

1 ツナ缶は水気をきる。トマトは5mm角に切る。かいわれ大根は1.5cm長さに切る。
2 ボウルに塩麹とE.X.V. オリーブオイルを入れ混ぜてから、ツナとトマトを加え混ぜ合わせる。
3 4等分に切った絹ごし豆腐の上に、2を汁ごとのせ、かいわれ大根を飾る。お好みで、しょうゆを少々かける。

# じゃこときゅうり

じゃこのかりかり食感がほどよいアクセントに

## 材料：2人分

絹ごし豆腐……1丁
じゃこ……大さじ2
きゅうり……¼本
トマト（小玉）……½個（50g）
ポン酢……大さじ2
ごま油……大さじ1

## 作り方

1　きゅうりは軽く麺棒でたたいたあと5㎜角に切る。トマトも5㎜角に切る。

2　ボウルにポン酢とごま油を入れて撹拌する。

3　2に、1とじゃこを入れて和える。

4　4等分に切った絹ごし豆腐の上に、3をのせる。

# らっきょう&みょうが

見た目にも涼しげな夏にぴったりの1品

## 材料：2人分

絹ごし豆腐……1丁
らっきょう（甘酢漬け）……30g
みょうが……1本
めんつゆ……適量

## 作り方

1 らっきょうとみょうがをみじん切りにして和える。
2 4等分に切った絹ごし豆腐の上に、1をのせる。お好みで、めんつゆ適量を少々をかける。

# チョレギサラダ

韓国の定番サラダは豆腐にもぴったり

**材料：2人分**

絹ごし豆腐……1丁
サニーレタス……1〜2枚
きゅうり……¼本
**ドレッシング**
　砂糖……小さじ1
　白いりごま……小さじ1

コチュジャン……小さじ ½
しょうゆ……大さじ ½
酢……大さじ ½
ごま油……大さじ ½

**作り方**

1　サニーレタスはざく切りにし、きゅうりは 2cm 長さの千切りにする。

2　ドレッシングの材料をボウルに入れて攪拌する。

3　絹ごし豆腐の上に、**1** をのせ、**2** をまわしかける。

# ゴルゴンゾーラソース

クリーミーなおいしさは、食べ出したら止まらない！

たっぷりと濃厚なチーズを楽しみたい
場合は、豆腐は½丁でもOKです。

## 材料：2人分

絹ごし豆腐……1丁
ゴルゴンゾーラ……60g
生クリーム……50cc
くるみ……適量
黒こしょう……適量

## 作り方

1 鍋にゴルゴンゾーラと生クリームを入れて
　かき混ぜながら火にかける。なめらかなソー
　ス状になったら火を止める。
2 1が温かいうちに4等分に切った絹ごし豆
　腐の上にかけ、手で小さく割ったくるみを
　のせる。黒こしょうをふる。

# オクラマヨカレー

意外な組み合わせは、マヨネーズのコクでまとまりのある味に

**材料：2人分**

絹ごし豆腐……1丁
オクラ……5本
カレー粉……小さじ ½
マヨネーズ……大さじ2

**作り方**

1　オクラは塩もみして洗ったあと、小口切りにする。
2　フライパンにマヨネーズとカレー粉を入れて温め、1を加え炒める。
3　4等分に切った絹ごし豆腐の上に、2をのせる。

# 塩豆腐、塩麹豆腐、みそ豆腐作り

豆腐を塩や塩麹、みそなどをまぶして
ひと晩以上置くだけで、ねっとりとなり、
まるでチーズのような味わいになります。
おつまみとしてそのまま食べても、
具と合わせてボリュームアップをして、ごちそうおかずにも。

みそ＋みりん　塩麹　塩

### 塩豆腐の作り方

**材料**　絹ごし豆腐……1丁
　　　　　塩……小さじ1

1　軽く水切りした豆腐の周りに塩小さじ1を
　　まぶし、まんべんなくぬりこむ。
2　キッチンペーパーで包み、皿にのせラップ
　　をし、冷蔵庫でひと晩置く。（注：途中水が
　　出たら、水を捨てる）

### 塩麹豆腐の作り方

**材料**　絹ごし豆腐……1丁
　　　　　塩麹……大さじ1½

1　きちんと水切りした豆腐の周りに塩麹大さ
　　じ1と½をまんべんなくぬる。
2　ラップに包み、皿にのせて冷蔵庫で3日ほ
　　ど置く。（注：途中水が出たら水を捨てラッ
　　プを替える）

### みそ豆腐の作り方

**材料**　絹ごし豆腐……1丁
　　　　　みそ……大さじ2
　　　　　みりん……大さじ1

1　みそとみりんは合わせておく。
2　きちんと水切りした豆腐の周りに1をまん
　　べんなくぬる。
3　ラップに包み、皿にのせて冷蔵庫で3日ほ
　　ど置く。

# 塩豆腐と桃のサラダ

甘酸っぱさが美味。前菜にぴったり

## 材料：2人分

塩豆腐……½丁
桃……½個
レモン果汁……¼個分
ミントの葉……適量
E.X.V. オリーブオイル……適量
バルサミコ酢……適量

## 作り方

1　桃は1cm角に切り、ボウルに入れて、レモン汁をかけ混ぜる。きっちりとラップをして冷蔵庫で冷やす。
2　4等分に切った塩豆腐の上に、**1**を汁ごとのせて、手でちぎったミントの葉をちらす。
3　E.X.V. オリーブオイルをまわしかけ、バルサミコ酢を少々たらす。

# 塩豆腐と焼きりんご
大人が喜ぶワインに合うおしゃれ前菜

*Recipe note*

りんごは、焼くことによって、オリ
ゴ糖が増加し、善玉菌が増えるそう
です。腸内環境が整うかんたんなの
に優れた調理法です。

**材料：2人分**

塩豆腐……½丁
りんご……⅛個
E.X.V. オリーブオイル……大さじ1
黒こしょう……適量

**作り方**

1  りんごは皮のついたまま薄くスライスする。
   フライパンでオリーブオイルを温め、りんご
   を入れて両面がやわらかくなるまで焼く。
2  4等分に切った塩豆腐の上に、**1**を並べて
   E.X.V. オリーブオイル（分量外）をかけて、
   黒こしょうをふる。

# 塩豆腐のサーモンタルタル

ほのかなこってりさが、やみつきに

**材料：2人分**

塩豆腐……½丁
アボカド……⅛個
サーモン（刺身用）……20g
ゆずこしょう……小さじ½
E.X.V. オリーブオイル……大さじ1
ディルの葉……適宜

**作り方**

1 アボカドとサーモンは5㎜角に切る。
2 ボウルに E.X.V. オリーブオイルとゆずこしょうを入れて混ぜ、1 を加え和える。
3 4等分に切った塩豆腐の上に、2 をのせ、あればディルの葉をちらす。

# 塩豆腐のコブサラダ

ボリュームたっぷり、お腹が大満足

**材料：2人分**

塩豆腐……½丁
ゆで卵……1個
アボカド……¼個
トマト（小玉）……1個（100g）
むきエビ……60g
じゃがいも（小）……1個

**ハニーマスタードドレッシング**

ディジョンマスタード……大さじ1
はちみつ……大さじ1
マヨネーズ……大さじ3
レモン汁……小さじ2
塩、こしょう……少々

**作り方**

1　じゃがいもは皮をむき、1㎝角に切る。塩少々（分量外）をまぶして蒸す。

2　むきエビは酒少々（分量外）を入れた熱湯で茹でたあと、ラップで包んで冷ます。

3　2と塩豆腐、ゆで卵、アボカド、トマトをそれぞれ1㎝角に切る。

4　ハニーマスタードドレッシングの材料をボウルに入れて攪拌する。

5　材料をすべて皿にきれいに並べ、4を適量まわしかける。

# 塩豆腐のカプレーゼ

イタリアンの定番が、塩豆腐でまろやかな味に

*Recipe note*

カプレーゼとは、トマトと モッツァ
レラにバジルの葉をあしらい、オリー
ブオイルをかけたサラダのこと。モッ
ツァレラのかわりに豆腐を使うので、
チーズの脂質を気にする必要のないヘ
ルシーさです。

**材料：2人分**

塩ごし豆腐……½ 丁
トマト（小玉）……½ 個（50g）
バジルの葉……1〜2枚
E.X.V. オリーブオイル……適量

**作り方**

1　トマトは5㎜角に切る。
2　4等分に切った塩豆腐の上に、1をのせ、手
　でちぎったバジルの葉をちらす。
3　E.X.V. オリーブオイルをかける。

# 山形だしのっけ

## 食欲のないときでものど越し良く食べられる

調理時間
30分以内

ひと手間でおいしく

ほんの少し余裕があるときは時間をかけて、おいしい副菜づくり

### 材料：2人分

絹ごし豆腐……1丁
山形のだし
| しょうが……½片
| なす……½本
| きゅうり……½本
| オクラ……4本
| みょうが……1本
| 大葉……5枚
| 納豆昆布……4g
しょうゆ……小さじ2
めんつゆ……小さじ2

### 作り方

1　山形のだしを作る。しょうがはすりおろす。なすは5mm角に切ったあと、水にさっとさらす。きゅうりと塩（分量外）もみ洗いしたオクラも5mm角にる。みょうが、大葉、納豆昆布はみじん切りにする。

2　1をすべてボウルに入れて、しょうゆとだししょうゆで和える。

3　4等分に切った絹豆腐の上に、2を適量のせる。

*Recipe note*

「納豆昆布」は、北海道の道南地方で収穫されるガゴメ昆布を細切りにしたもの。納豆が入っているわけではなく、納豆のように粘る昆布ということからその名がつきました。食物繊維であるフコイダンを豊富に含んでいるので、健康食品として人気になっています。

# 鶏三つ葉

ポン酢とオリーブオイルの和ソースがエレガント

## 材料：2人分

絹ごし豆腐…… 1丁
鶏ささみ…… 1本
三つ葉……½束
ゆずこしょう……小さじ¼
ポン酢……大さじ1
E.X.V. オリーブオイル……大さじ2

## 作り方

1 三つ葉は2㎝長さに切り、塩少々を入れた熱湯で茹でてから、さっと水にさらし、水気をしぼっておく。
2 鶏ささみは筋を取り除き、酒少々を入れた熱湯で30秒ほど茹でてから、蓋をしてそのまま冷ます。水気をふき取り、手で小さくさいておく。
3 ボウルにゆずこしょうとポン酢、E.X.V. オリーブオイルを入れてしっかり攪拌する。1と2を加え和える。
4 4等分に切った絹ごし豆腐の上に、3をのせる。

# かりかりベーコンとクレソン
**かりかり食感とやわらか食感のハーモニーが楽しい**

**材料：2人分**

絹ごし豆腐……1丁
ベーコン……50g
クレソン……6本（約20g）
松の実……大さじ1
E.X.V. オリーブオイル
……大さじ1
ポン酢……大さじ1
黒こしょう……適量

**作り方**

1 クレソンは1cm長さ、ベーコンは5mm幅に切る。松の実はフライパンで軽く乾煎りし、軽くくだく。

2 フライパンにベーコンを入れて加熱する。弱めの中火で炒め、ベーコンがかりかりになったらキッチンペーパーで余分な油をふきとる。E.X.V. オリーブオイル大さじ1を加え、クレソンも加えてさっと炒める。

3 ポン酢を加えしっかりと混ぜ、火を止めて、松の実を加え混ぜる。

4 2～4等分に切った絹ごし豆腐の上に、3を汁ごとのせる。E.X.V. オリーブオイル（分量外）をかけ、黒こしょうをふる。

# セロリの甘酢炒め

さっぱりとした味わいが食欲をそそる

**材料：1人分**

絹ごし豆腐……½丁
セロリ……½本
鷹の爪……½本
油……小さじ1

A
塩……ひとつまみ
砂糖……小さじ1
酢……大さじ1

**作り方**

1 セロリは筋を取り斜め薄切りにする。鷹の爪は種を除く。

2 Aをすべて混ぜ合わせておく。

3 フライパンに油と鷹の爪を入れて温める。鷹の爪を取り除き、セロリを加えさっと炒める。2を加え、セロリがしんなりするまで炒める。

4 2等分に切った絹ごし豆腐の上に、3をのせる。

# ピータン＆焼きコーン

## ピータンとコーンの組み合わせが新鮮

*Recipe note*

中華の前菜で、豆腐の薬味として使われる
ピータン。大型スーパーなどで販売している
ので入手しやすくなった食材です。

### 材料：2人分

絹ごし豆腐……1丁
ピータン……1個
ホールコーン……大さじ2
白ねぎ……長さ3㎝
ごま油……大さじ1
しょうゆ……小さじ1
ナムプラー……小さじ2

### 作り方

1　ピータンは1㎝角に切る。白ねぎはみじん切りにする。
2　フライパンにごま油と白ねぎを入れて火にかけ、香りが出たらコーンを加え炒める。最後にピータンを加え、しょうゆとナムプラーを加え混ぜる。
3　4等分に切った絹ごし豆腐の上に、2をのせ、ごま油（分量外）をかける。

# 豚肉とクレソン

クレソンを茹でて食べやすく。豚肉との相性もぴったり

**材料：2 人分**

絹ごし豆腐…… 1 丁
豚薄切り肉……3 枚（約 50g）
クレソン……6 本（約 20g）
ポン酢…… 大さじ 1
E.X.V. オリーブオイル…… 適量
黒こしょう…… 適宜

**作り方**

1 クレソンは 2cm幅に切り、塩少々（分量外）
　を入れた熱湯でさっと茹で水に取り、水気
　をしぼる。豚肉は 1 cm幅に切り、酒少々（分
　量外）を入れた熱湯で茹でたあと取り出し、
　ラップに包み冷ます。
2 ボウルに 1 を入れ、ポン酢を加え和える。
3 4 等分に切った絹ごし豆腐に、2 をのせ、
　E.X.V. オリーブオイルをかける。お好みで、
　黒こしょうをふる。

# しそとオクラの洋風だし

夏の定番 " だし " をオリーブオイルを使い洋風にアレンジ

### 材料：2人分

絹ごし豆腐……1丁
大葉……10枚
オクラ……8本
セミドライトマト……6個
納豆昆布……4g
めんつゆ……大さじ1
E.X.V. オリーブオイル……適量

### 作り方

1　セミドライトマトを作る。
2　大葉、オクラ、セミドライトマト、納豆昆布はみじん切りにする。
3　ボウルに、2とめんつゆを入れてねばりが出るまで混ぜる。
4　4等分に切った絹ごし豆腐の上に、3を適量のせ、E.X.V. オリーブオイルをかける。

## Recipe note

トマトは乾燥させることで旨みが凝縮し、リコピンの吸収率がアップする嬉しい食材です。
**セミドライトマトの作り方**
1　プチトマト適量を洗い水分をふき、ヘタを取って縦半分に切る。
2　オーブンの天板にクッキングシートを敷いてトマトを並べ、塩少々をふり5分置く。キッチンペーパーをぶせ水分をきちんとふき取り、120℃（余熱あり）のオーブンで90分加熱する。

# 冷しゃぶおろし
## 大根おろしであっさりといただく

**材料：2人分**

絹ごし豆腐……1丁
豚薄切り肉……3枚（約50g）
きゅうり……¼本
大根……長さ4cm
ポン酢……適量

**作り方**

1 きゅうりは2cm長さの千切りにする。大根は皮をむき、おろしてから水気を切る。

2 豚肉は1cm幅に切り、酒少々（分量外）を入れた熱湯でさっと茹で、ざるにあげたあとラップに包みそのまま冷ます。

3 4等分に切った絹ごし豆腐の上に、豚肉と大根おろしをのせ、きゅうりを飾る。ポン酢をまわしかける。

# ロミロミサーモン

塩麹のドレッシングでまろやかさアップ

### 材料：2人分

絹ごし豆腐……1丁
きゅうり……¼本
トマト（小玉）……½個（約50g）
サーモン（刺身用）……30g

#### ドレッシング

玉ねぎ（みじん切り）
……大さじ1
塩麹……小さじ2
レモン汁……大さじ1
E.X.V. オリーブオイル
……大さじ1

### 作り方

1 きゅうり、トマト、サーモン（刺身用）は5mm角に切る。
2 ボウルにドレッシングの調味料をすべて入れて攪拌する。
3 2に、1を加え和える。
4 4等分に切った絹ごし豆腐の上に、3を汁ごとのせる。

## Recipe note

ハワイの定番サラダ、ロミロミサーモン。
冷蔵庫で30分〜1時間ほど寝かせると、
よりおいしくいただけます。

# 魚介とわさび醤油ジュレ
## わさび味のジュレと豆腐のハーモニーが魚介にぴったり

**材料：2人分**

絹ごし豆腐……1丁
むきエビ……3尾
ホタテ（刺身用）……3個
わさび醤油ジュレ……大さじ2くらい
レモン汁……適宜

**わさび醤油ジュレ**
**材料**

だし……200cc
しょうゆ……大さじ2
わさび……適量
粉ゼラチン……5g

**作り方**

1　むきエビとホタテは、酒少々（分量外）を入れた熱湯で茹でてざるにあげたあと、ラップに包み冷ます。冷めてから5㎜角に切る。
2　ボウルに1を入れ、わさび醤油ジュレを加え和える。
3　4等分に切った絹ごし豆腐の上に、2をのせる。お好みでレモン汁をかける。

**作り方**

1　耐熱容器にだしを入れ、しょうゆを加えて混ぜ、電子レンジで温める。わさびを入れ混ぜたあと、ゼラチンをふり入れ、しっかり混ぜて溶かす。
2　粗熱を取ってから、冷蔵庫で冷やし固め、フォークでクラッシュする。

### *Recipe note*

わさび醤油ジュレは、味見をしながらわさびを入れて好みの辛さにしてください。私はわさびを多めに入れたぴりっと辛い味が好みです。サラダのドレッシングやお刺身にもぴったりの万能ソースです。

# ニラソース
万能なニラのソースにコチュジャンでコクをプラス！

**材料：2人分**

絹ごし豆腐……1丁
ニラ……20g（約4本）

A
　砂糖……小さじ1
　コチュジャン…小さじ1
　酢……小さじ1
　しょうゆ……大さじ1
　ごま油……大さじ2

**作り方**

1　ニラは粗いみじん切りにする。

2　Aの調味料すべてをボウルに入れて撹拌する。1を入れて30分ほど置き味をなじませる。

3　4等分に切った絹ごし豆腐の上に、2を汁ごと適量のせる。

# トマト＆トマト

フレッシュトマトとドライトマトのダブル使いで旨みがアップ

*Recipe note*

生のトマトと加熱したトマトを合わせることで旨みが倍増します。「トマト＆トマト」はパスタソースとしても絶品です。

## 材料：2人分

絹ごし豆腐……1丁
フルーツトマト……1個（約100g）
塩……小さじ⅛
セミドライトマト……10個
バジルの葉……適宜
パルミジャーノレッジャーノ……適宜

## 作り方

1 セミドライトマトを作る。（作り方は39ページに掲載）
2 セミドライトマトはみじん切りにする。
3 フルーツトマトは5mm角に切ってから、ボウルに入れて塩をふって10分ほど置く。オリーブオイルを加えしっかり混ぜ、2を加える。
4 4等分に切った絹ごし豆腐の上に、3を汁ごとのせ、好みで手でちぎったバジルの葉や薄くスライスしたパルミジャーノレッジャーノを飾る。

# プチトマトのハニーマリネ
# イタリアン風

濃厚で甘酸っぱい大人のための前菜

## 材料：2人分

絹ごし豆腐……1丁
プチトマト……8個
はちみつ……小さじ1
バルサミコ酢……大さじ1
E.X.V. オリーブオイル……大さじ1
バジルの葉……適宜

## 作り方

1 プチトマトは皮を湯むきし、水分をふき取る。
2 保存袋にはちみつ、バルサミコ酢、E.X.V. オリーブ
　オイルを入れてよく混ぜる。
3 2に1を入れて冷蔵庫で半日ほど置く。
4 4等分に切った絹ごし豆腐の上に、食べやすい大
　きさに切った3を汁ごとのせる。お好みでバジル
　の葉を飾る。

*Recipe note* ───────

ゴーヤーは、塩を振って熱湯で茹でることで、苦味が軽減します。この佃煮は、ごはんにもぴったりなので、作り置きにもおすすめです。

# ゴーヤーの佃煮

ゴーヤーのほんのりとした苦みと、豆腐の甘みが見事にマッチ！

## 材料：2人分

絹ごし豆腐……1丁
ゴーヤー……½本（約120g）
砂糖……20g
しょうゆ……大さじ1
酢……大さじ½
かつおぶし……3g
白いりごま……小さじ½

## 作り方

1　ゴーヤーはわたを取り2～3mm厚さに切る。塩（分量外）をふり、10分ほど置いてから、熱湯でさっと茹でて、ざるにあげ水気をきる。
2　フライパンに砂糖、しょうゆ、酢を入れて温め、**1**を温かいうちに入れて、弱い中火で7分くらい炒め煮する。
3　汁気がほとんどなくなったら、かつおぶしと白いりごまを加え混ぜる。
4　4等分に切った絹ごし豆腐の上に、**3**を適量のせる。

# パクチーソース

あっさり味のパクチーに、お箸が止まらないおいしさ

**材料：2人分**

絹ごし豆腐……1丁
パクチー……25g

A
| 砂糖……小さじ1
| 酢……小さじ1
| レモン汁……小さじ2
| ナムプラー……大さじ1

**作り方**

1　パクチーは粗いみじん切りにする。

2　Aをすべてボウルに入れて撹拌する。1を入れて混ぜ、1時間ほど置く。

3　4等分に切った絹ごし豆腐の上に、2を汁ごと適量のせる。

# はちみつレモン

実ははちみつと豆腐は相性が抜群なのです！

**材料：2人分**

絹ごし豆腐……½丁
レモン（国産）……¼個
はちみつ……大さじ1½
ミントの葉……適宜

**作り方**

1 レモンは塩でこすり洗いする。皮つきのまま千切りにし、はちみつに漬け1時間ほど置く。
2 2等分に切った豆腐に、1を汁ごとのせる。お好みでミントの葉を飾る。

豆腐がデザート？　先入観なしで試してほしい
カロリーが気になるスイーツも、豆腐なので安心

# 黒糖しょうがシロップ

ぴりっとしたしょうがの香りが豆腐の甘みを引き出す

*Recipe note*

作った黒糖しょうがシロップが余ったら、豆乳や炭酸、水やお湯で割って飲むと美味しい！

## 材料：1人分

おぼろ豆腐…… 適量
**黒糖しょうがシロップ**
  しょうが…… 100g
  黒糖…… 100g
  水…… 50cc
  鷹の爪…… ½ 本
  ブラックペッパー（粒）…… 2 粒
  シナモン…… ⅓ 本

## 作り方

1 しょうがは皮つきのまま薄切りにする。黒糖しょうがシロップのすべての材料を鍋に入れて、沸騰後に弱火〜中火にして 10 分ほど煮詰める。ザルなどで濾す。
2 おぼろ豆腐に、**1** を好みの量かける。

# きな粉と黒蜜

豆仲間で相性ばっちり！

**材料：2人分**

絹ごし豆腐……½丁
きな粉……大さじ2
黒蜜……大さじ2

**作り方**

1　2等分に切った絹ごし豆腐の上にきな粉を
　ふり、黒蜜をかける。

# アジアン風スイーツ

**ココナッツの香りでささっと南国風**

### 材料：2人分

絹ごし豆腐……½丁
ゆであずき（缶）……大さじ2
ココナッツミルク……100cc
メープルシロップ……小さじ2

### 作り方

1 ココナッツミルクにメープルシロップを入れ、よく混ぜて溶かす。
2 2等分に切った絹ごし豆腐の上に、**1**をかけ、ゆであずきを盛りつける。

# 「 通 」 好 み の 食 べ 方

　例えば、天ぷらや、お刺身、ステーキなどに、お塩だけをちょっとつける食べ方が取り上げられたりしています。お蕎麦に塩、というのも紹介されていました。

　極上の素材をそのまま味わうためには、シンプルが一番ということでしょうか。

　豆腐においても、職人さんが手間暇かけて作るものは、格別の味です。しっかりした大豆の風味と甘みの邪魔をしないのがお塩です。そのお塩も、とげとげとしょっぱい精製塩ではなく、塩味の中にもほのかな甘みが感じられる天然塩をおすすめします。さまざまな種類のお塩があるので、お好みの味を見つけてください。

**岩塩、藻塩、炭塩などでシンプルに食す**
豆腐は、一年中、どこのスーパーマーケットでも購入できるといっても過言ではないほど、私たちにとっては身近な食材です。職人さんが手間暇かけて作る豆腐をシンプルに味わってみてください。

　長野県佐久にほど近い小海町では、名物の鞍掛豆を使った豆腐が作られています。商品名称は、「くらかけまめ豆富」。富という漢字を使い、高級感のあるお豆腐として販売されています。

　通常のお豆腐よりも少し緑がかった豆腐は、しっかりとした味わいと、甘みがあります。食べ方も独特で、お塩だけで食べることをすすめられます。塩だけでの味つけで、お豆腐そのもののかおり、味わい、甘みを楽しむことができます。

PART ②

# 木綿豆腐
# 冷やっこレシピ

*Hiyayakko Recipe*

食べごたえがあって、お腹がいっぱいに。
形がくずれにくいので食べやすい。

# 豆腐のハーブオイル漬け

豆腐が、まるでちょっとさっぱりとしたチーズに変身

### 材料

木綿豆腐……½ 丁
塩……小さじ ½
E.X.V. オリーブオイル……適量
タイム、ローズマリー、バジルなど
好みのハーブ……適量
鷹の爪……½ 本

### 作り方

1 木綿豆腐の周りに塩をまぶし、キッチンペーパーで包みしっかりと水切りする。2cm角に切る。
2 保存容器に 1 を入れて、ハーブと鷹の爪をのせ、オリーブオイルをひたひたにそそぐ。蓋をして 3 日漬ける。

### Recipe note

形がくずれにくい木綿豆腐だからこそできるレシピです。オイルにしっかり漬けておけば、2 週間ほど冷蔵で保存が可能です。

## 木綿のよさとは

口の中ですぐとろけるので、口あたりがいい絹ごし豆腐。一方、大豆の風味が強く、しっかりした食感を味わえるのが木綿豆腐です。どちらも好きという方は、根っからの豆腐好きと言えるのではないでしょうか。

木綿豆腐に合うレシピをご紹介しますが、もちろん、絹ごし豆腐と合わせてもおいしく食べていただける具もありますので、お好きな豆腐に自由に変えてみてください。

# 酒盗

日本酒にぴったり。ついついお酒が進みます

かんたんのせるだけ

具材が豆腐にからんで、おいしくまとまる "しっかり食感" を味わって

**材料：2人分**

木綿豆腐……½丁
酒盗……大さじ1
E.X.V オリーブオイル……適量

**作り方**

1　2等分に切った木綿豆腐の上に酒盗をのせ、E.X.V. オリーブオイルをかける。

*Recipe note*

酒盗（しゅとう）とは、魚の内臓を原料とする塩辛。酒盗といえば鰹の塩辛が一般的でしたが、近年ではさまざまな魚が使われています。

# ねぎと焼き豚

ポイントはあげ玉のさくさく感

**材料：2人分**

木綿豆腐……1丁
焼き豚……40g
白ねぎ……½本
揚げ玉……大さじ2
ごま油……大さじ1
塩……ふたつまみ
めんつゆ……適量

**作り方**

1　白ねぎの白い部分を2㎝長さの千切りにし、
　　さっと水にさらす。焼き豚は5㎜幅に切る。
2　1と揚げ玉をボウルに入れてごま油をかけて混
　　ぜる。塩をふりさっと混ぜる。
3　4等分に切った木綿豆腐の上に、2をのせて、
　　めんつゆをまわしかける。

# じゃこだれ

木綿の食感とじゃこのかりかり感が奏でるハーモニーが美味

*Recipe note* ———

小皿にじゃこだれを入れて、豆腐を
つけながら食べるようにすると、水
切りの手間が省けます。

## 材料：2人分

木綿豆腐…… 1丁
ちりめんじゃこ……大さじ4
万能ねぎ（小口切り）
……大さじ4
松の実……大さじ1

A
砂糖……小さじ4
豆板醤……小さじ1
しょうゆ……大さじ2
酢……大さじ2
ごま油……大さじ2

## 作り方

1 松の実は乾煎りしたあとポリ袋に
　入れて、こまかく砕く。
2 Aの材料をボウルに入れて攪拌す
　る。1とちりめんじゃこ、万能ね
　ぎを加え混ぜる。
3 4等分に切った木綿豆腐の上に、
　2を汁ごとのせる。

# めんたい高菜

切って混ぜるだけ！　急な来客にもおすすめ

**材料：2人分**

木綿豆腐……1丁
高菜漬け……50g
めんたいこ……1本
ごま油……適量

**作り方**

1　高菜漬けは細かく切る。めんたいこは薄皮を取り除く。ボウルに入れて混ぜる。

2　4等分に切った木綿豆腐の上に、**1**をのせ、ごま油をかける。

# 春菊とりんごのごま和え

春菊のほろ苦さとりんごの酸味が、クリーミーなごまの風味にぴったり

*Recipe note*

春菊は、葉の部分の成長のために、花は
つぼみの段階で摘み取られるようです。
料理のうしろに映っているのが春菊の花
です。また、このレシピは、りんごの替
わりに柿でもおいしくできます。

## 材料：2人分

木綿豆腐…… 1丁
春菊（葉のみ）…… 2本分
りんご…… 1/10 個
くるみ…… 2個

A

白すりごま…… 大さじ3
砂糖…… 小さじ2
みりん…… 小さじ1
しょうゆ…… 小さじ1

## 作り方

1 春菊の葉は1cm長さに切る。りん
　ごは千切りにする。くるみは手で
　細かく割る。

2 Aをすべて混ぜ合わせ、春菊の葉
　とりんごを加え和える。

3 4等分に切った木綿豆腐の上に、
　2をのせ、くるみをちらす。

# にらキムチ

にらとキムチの最強コンビ！ 火を使わず混ぜるだけなのも嬉しい

**材料：2人分**

木綿豆腐……1丁
キムチ……50g
にら……10g（約2本）
ごま油……適宜

**作り方**

1 にらは粗いみじん切りにする。キムチは
1cm幅に切る。一緒に和えてしばらく置く。

2 4等分に切った木綿豆腐の上に、**1**をのせ
る。お好みで、ごま油を少々かける。

# きゅうりのみそ和え

こってりとした辛みそのたれが豆腐の甘みと絶妙にマッチ

**材料：2人分**

木綿豆腐……1丁
きゅうり……½本

A
白いりごま……小さじ1
コチュジャン……小さじ2
みそ……小さじ1
しょうゆ……小さじ1
酢……小さじ1
ごま油……小さじ2

**作り方**

1 きゅうりは薄切りし、塩少々（分量外）をもみこんでからしばらく置く。水気をきちんとしぼる。

2 ボウルにAを入れ混ぜ、1を加え和える。

3 4等分に切った木綿豆腐の上に、2を汁ごとのせる。

# 梅肉ソース

さっぱりとした梅の風味が食欲をそそる

**材料：2人分**

木綿豆腐……1丁
きざみ海苔……適量
大葉……4枚

**梅肉ソース**

はちみつうめぼし
（種を除きたたく）……大さじ1
かつおぶし……3g
酢……小さじ2
しょうゆ……小さじ2
水……小さじ2
油……小さじ2

**作り方**

1　梅肉ソースの材料をすべてボウルに入れて混ぜ合わせる。

2　4等分に切った木綿豆腐の上に、1をのせ、きざみ海苔をのせる。大葉をそえる。

固さのある木綿豆腐の特性をいかして、お菓子作りに使うセルクルで型抜きをしてみたところ、なんとも愛らしい姿に

# ポキ

## まぐろと豆腐の新しい出合い

### 材料：1人分

木綿豆腐……½ 丁
まぐろ……50g
A
├ レモン汁……小さじ 1
├ しょうゆ……大さじ 1
├ ゴマ油……大さじ 1
大葉（千切り）……適量
白ごま……適宜

### 作り方

1　マグロは 5mm 角に切る。
2　ボウルに A をすべて入れて混ぜ合わせ、1 を加えて和える。
3　2 等分に切った木綿豆腐の上に、2 と大葉をのせる。お好みで白ごまをちらす。

### Recipe note

ポキは、ハワイ近海で捕れた新鮮な魚を、塩やしょうゆで和えた、ハワイの代表的なローカルフード。ハワイ語で「poke」は、「細かく切る」という意味で、作り方から名前がつけられたようです。

# みそ豆腐と奈良漬け

みそと漬け物、発酵食品同士で相性ばっちり

材料：1人分

みそ豆腐……¼丁
奈良漬け（市販のもの）……薄切り5枚

作り方

1 みそ豆腐を好みの型に
　抜き、その上に奈良漬
　けをのせる。

## みそ豆腐とうまみ豆腐

その名の通り、みそに漬けこんで作る「みそ
豆腐」と、豆腐を昆布じめにした「うまみ豆
腐」。味の深みを味わってください。「うまみ
豆腐」の作り方とレシピは67ページに掲載。

●みそ豆腐の作り方
1 木綿豆腐をきちんと水切りする。
2 みそ大さじ2とみりん大さじ1を混ぜ合
　わせる。
3 木綿豆腐の周りに2をぬり、ラップで包
　み3日ほど冷蔵庫で置く。

セルクルを使って
簡単に型抜きが
できます。

# みそ豆腐とハニーナッツ

ねっとりとした食感とナッツのゴロゴロ感がたまらない

## 材料

みそ豆腐……½丁
はちみつ……小さじ1
ナッツ（アーモンドやくるみなど）
……大さじ2
ドライいちじく……2個
レーズン……大さじ½
バケットやクラッカー……適量

## 作り方

1　ナッツ、ドライいちじく、レーズンは細かく刻む。
2　みそ豆腐とはちみつをフードプロセッサーなど
　　でなめらかになるまで攪拌し、1 を加え混ぜる。
3　バケットやクラッカーなどにのせる。

# うまみ豆腐のカルパッチョ風やっこ

昆布とほたてのうま味がひきたつ

**うまみ豆腐の作り方**

1　豆腐はきちんと水切りし、1cm厚さにスライスする。

2　昆布と昆布の間に豆腐を並べ、ラップをして冷蔵庫で1日置く。

**材料：2人分**

うまみ豆腐……½丁
ほたて（刺身用）……3個
プチトマト……2個
レモン汁……適量
E.X.V. オリーブオイル……大さじ1
ゆずこしょう……小さじ¼

**作り方**

1　プチトマトは小さな角切りにする。うまみ豆腐とほたては薄くスライスする。ほたてにレモン汁をかけておく。

2　E.X.V. オリーブオイルにゆずこしょうを入れ混ぜる。

3　うまみ豆腐とほたてを交互に置き、2をまわしかけ、プチトマトをちらす。

# 切り干し大根サラダ

いろいろな食感のハーモニーが楽しい

**材料：2人分**

木綿豆腐……1丁
切り干し大根……10g
わかめ（塩蔵）……10g
かいわれ大根……¼パック
A
| 砂糖……小さじ1
| 豆板醤……小さじ½
| ごま油……小さじ1
| しょうゆ……大さじ1½
| 酢……大さじ½
| 水……大さじ½

**作り方**

1 切り干し大根は水できちんと洗い、ざるにあげ10分ほど置いてから水気をしぼり、2cm長さに切る。わかめは塩抜きをし、2cm長さに切る。かいわれ大根は根を切り落とし、2cm長さに切る。

2 ボウルにAをすべて入れて攪拌する。1を入れ和える。

3 4等分に切った木綿豆腐に、2をたれごとかける。

ひと手間でおいしく

たっぷり具材をのせてボリューミーにおいしいおかずに食が進む

*Recipe note*

ハート型のセルクルを使って
みたら、木綿豆腐1丁がぴっ
たりとくり抜けました。この
レシピでは具材を木綿豆腐に
そえましたが、上にのせても、
もちろんOKです。

# 青菜のガーリックチップソテー

バターしょうゆの香りが食欲をそそる

## 材料：2人分

木綿豆腐……1丁
青菜……100g
にんにく……½片
オリーブオイル……大さじ1
バター……5g
しょうゆ……小さじ1

## 作り方

1 青菜は根を切り落とし1.5cm長さに切る。にんにくは
　芽を取りのぞき、薄切りにする。
2 フライパンにオリーブオイルとにんにくを入れて火にか
　けて、弱火でかりっとなるまでゆっくりと加熱する。に
　んにくを取り出しキッチンペーパーの上で油をきる。
3 2のフライパンに青菜を入れて炒める。最後にバター
　としょうゆを加えて混ぜる。
4 4等分に切った木綿豆腐の上に、3をそえ、2のにん
　にくを飾る。お好みで、E.X.V.オリーブオイル（分量外）
　をかける。

# ねばねばスタミナ丼
食欲のないときでも、ねばねば食材で栄養ばっちり！

## 材料：1人分

木綿豆腐…… 1丁
オクラ…… 3本
めかぶ……30g
山芋……30g
納豆……½パック
めんつゆ……小さじ2
卵黄…… 1個
しょうゆ……適宜

## 作り方

1　オクラは塩で板ずりした後さっと洗い、粗みじんに切る。めかぶも細かく切る。山芋は皮をむき細かく切ったあとたたく。
2　ボウルに納豆を入れて、めんつゆで和える。
3　木綿豆腐の上に1と2を並べてのせ、まん中に卵黄をのせる。お好みでしょうゆをかける。

# クリスピー薬味だれ

ゆで豚や蒸し鶏にかけてもおいしい万能だれは、豆腐との相性も抜群！

## 材料：2人分

木綿豆腐…… 1丁
米油（無臭の油であればOK）
…… 大さじ1
ごま油…… 大さじ2
にんにく…… ½片
しょうが…… ½片
ねぎ…… ¼本
アーモンド…… 15粒
コチュジャン…… 大さじ1
砂糖…… 小さじ½
しょうゆ…… 小さじ1
白いりごま…… 適量

## 作り方

1　アーモンドは粗く刻む。にんにく、しょうが、ねぎはみじん切りにする。
2　ボウルにコチュジャン、砂糖、しょうゆを入れて混ぜ、1を加え混ぜる。
3　フライパンに米油とごま油を煙が少々出るまで火にかける。
4　2に3をかける（じゅっ！と音がする）。
5　4等分に切った木綿豆腐に、4を適量かけ、白いりごまをふる。

# 水菜と豚肉の中華風ごま和え
酸味のあるごまの風味が食欲をそそる

## 材料：2人分

木綿豆腐……1丁
水菜……50g
豚薄切り肉……100g

A
白すりごま……大さじ1
砂糖……大さじ½
酢……大さじ½
しょうゆ……大さじ2
ごま油……大さじ½
ラー油……小さじ¼

## 作り方

1 水菜は1.5cm長さに切り、塩（分量外）少々を入れた熱湯で茹でる。水にさらし、しっかり水気をきる。
2 豚肉は1cm幅に切り、酒（分量外）少々を入れた熱湯で茹でて、ざるにあげたあと、ラップに包み冷ます。
3 Aをすべて混ぜ合わせ、1と2を加えて和える。
4 4等分に切った木綿豆腐の上に、3を汁ごとのせる。

# ぴり辛なす

やめられない止まらない、おいしさ

## 材料：2人分

木綿豆腐……1丁
なす……2本
白ねぎ……長さ2cm
にんにく……¼片
しょうが……¼片
油……大さじ2

**A**

砂糖……小さじ1
豆板醤……小さじ½
しょうゆ……大さじ1
みりん……大さじ1
酢……大さじ½

## 作り方

1 なすは薄切りにして水にさらし、水気をきる。白ねぎ、しょうが、にんにくはみじん切りにする。
2 Aをすべて合わせておく。
3 フライパンで油を温め、なすを加えしんなりするまで炒める。余分な油をふき取り、2とみじん切りにした白ねぎ、しょうが、にんにくを加え煮立たせる。
4 4等分に切った木綿豆腐の上に、2を汁ごとのせる。

# 青菜と焼き海苔

海苔のうま味が、おいしさを引き立てる

**材料：2人分**

木綿豆腐……1丁
青菜……100g
焼き海苔……½枚
A
| 砂糖……小さじ½
| しょうゆ……大さじ2
| 酢……大さじ1
ごま油……大さじ1

**作り方**

1 青菜は根を切り落とし1.5cm長さに切る。
2 Aは合わせておく。
3 フライパンでごま油を温め、青菜を強火で炒める。2を加えてさっと炒める。
4 4等分に切った木綿豆腐の上に、3を汁ごとのせ、焼き海苔を小さくちぎってちらす。

# ゆずこしょう入りねぎ塩麹

ゆずこしょうのピリっとしたさわやかな香りが新鮮

**材料：2人分**

木綿豆腐…… 1丁
白ねぎ……½本
ゆずこしょう……小さじ¼
レモン汁……小さじ2
塩麹……大さじ1
ごま油……大さじ2

**作り方**

1 白ねぎはみじん切りにする。
2 ゆずこしょう、レモン汁、塩麹、ごま油をボウルに入れてしっかり混ぜる。
3 2に1を入れて30分ほど置いて味をなじませる。
4 4等分に切った木綿豆腐に、3を適量のせる。

# 切り干し納豆

納豆に、切り干し大根の旨みと食感をプラス

**材料：2人分**

木綿豆腐……1丁
納豆……1パック
切り干し大根……4 g
ポン酢……大さじ1
豆板醤……小さじ ¼

**作り方**

1 切り干し大根はきちんと洗い、ざるにあげ
  10分ほど置き、水気をしぼる。細かく切る。
2 ボウルにポン酢と豆板醤を入れて混ぜ合わ
  せ、1と納豆を入れて和える。
3 4等分に切った木綿豆腐に、2をのせる。

# 棒棒鶏

ピーナッツバターを使ったこってり味の棒棒鶏だれがよくからむ

## 材料：2人分

木綿豆腐……1丁
鶏ささみ…1本
水菜……10g
きゅうり……¼ 本

**棒棒鶏だれ**
ねぎ（みじん切り）……大さじ 2
しょうが（みじん切り）……小さじ 1
砂糖……大さじ 1
白すりごま……大さじ 1
ピーナッツバター……大さじ 1
しょうゆ……大さじ 2
酢……大さじ ½
ごま油……大さじ 1

## 作り方

1 鶏ささみは筋を取り除き、酒少々（分量外）を入れた熱湯で30秒ほど茹でてから、蓋をしてそのまま冷ます。水気をふき取り、手で小さくさいておく。水菜は3cm長さに切り、きゅうりは3cm長さの千切りにする。

2 棒棒鶏だれの材料をすべて混ぜ合わせる。

3 4等分に切った木綿豆腐の上に1をのせ、2をかける。

# タイ風鶏そぼろサラダ

酸味と辛みが豆腐の甘みでまろやかに

## 材料：2人分

木綿豆腐…… 1丁
鶏ひき肉……150g

A
| 万能ねぎ（みじん切り）……大さじ2
| パクチー（みじん切り）……大さじ3
| 紫玉ねぎ（みじん切り）……大さじ1
| レモン汁……大さじ1
| 一味唐辛子……大さじ¼
| ナムプラー……小さじ2
レタス……大1枚

## 作り方

1　フライパンに油（分量外）を少々引き、鶏ひき肉を炒める。

2　ボウルに**A**をすべて入れて混ぜ、**1**を加え混ぜる。

3　4等分に切ったレタスの上に、4等分に切った木綿豆腐をのせて、**2**をのせる。

# 冷やし中華風

とびこのプチプチ感がアクセント。麺の代わりに豆腐を使って糖質オフ！

*Recipe note*

中華スープは市販のスープの
もとで作ってOKです。

**材料：2人分**

木綿豆腐……1丁
ハム……2枚
きゅうり……¼本
レタス……1枚
薄焼き卵焼き……1個分
とびこ……大さじ1

A
　中華スープの素……大さじ1½
　しょうゆ……大さじ½
　酢……大さじ½
　砂糖……小さじ½
　ごま油……小さじ½

**作り方**

1　ハム、きゅうり、レタス、薄焼き卵は千切りにする。
2　Aをすべて混ぜ合わせる。
3　木綿豆腐の上に1をのせ、2をかける。とびこをのせる。

# ジャージャー豆腐

こってりとした肉そぼろと豆腐の相性が抜群！

### 材料：2人分

木綿豆腐……1丁
豚ひき肉……100g
にんにく……½片
油……小さじ2

A
| 砂糖……小さじ1
| 酒……小さじ1
| しょうゆ……大さじ½
| 甜面醤……大さじ1
白ねぎ……4cm
きゅうり……¼本

### 作り方

1　きゅうりは千切りにする。白ねぎは白髪ねぎに切る。にんにくはみじん切りにする。
2　Aはすべて合わせておく。
3　フライパンで油とにんにくを温め、気泡が立ったら豚ひき肉を加え炒める。肉の色が変わったら、2を加え汁気がなくなるまで炒める。
4　木綿豆腐の上に、3ときゅうり、白ねぎをのせる。

# 「冷やっこ」の名前の由来

　豆腐発祥の地は、中国とされ、日本へは奈良時代に、中国に渡った遣唐使の僧侶などによって伝えられたとされているようです。当初は、僧侶の間で、次いで貴族社会や武家社会に伝わり、室町時代に全国的に浸透していきました。

　庶民の食べ物になったのは、江戸時代。天明2年に豆腐を題材とした料理本『豆腐百珍』が刊行され、当時のベストセラーになったことを見ると、その普及ぶりをうかがい知ることができます。その後、豆腐は全国の津々浦々まで普及し、現在、健康食品、ダイエット食品としても注目されるようになったのは、ご存じの通りかと思います。

　さて、暑い夏、豆腐の食べ方として定番なのが「冷やっこ」。しょうゆと薬味をつければ、おつまみにも、おかずにもなるので、手間いらずの一品ですね。

　この「冷やっこ」ですが、そもそも、なぜ豆腐を使った料理名に「奴」という名がついたのでしょうか。

　文献によると、江戸時代に、大名行列の先頭で、頭を撥鬢に結い、鎌髭を生やして、槍や挟み箱を持つ役目の人を「奴」といったそうです。その奴が着ていた衣類の模様が「針抜紋」と呼ばれる四角いもので、豆腐の形に似ていることから「奴」と言われるようになったとのことです。奴豆腐、略してやっこともいわれています。

　冷やして食べるものを「冷やっこ」、温めたものを「温やっこ」、似たものを「煮やっこ」と言います。

# 豆 腐 一 丁 と は ?

「丁」とは料理の1人分を指したり、盛んな様子（「よし、一丁やるか！」的な）にも用いる単位です。なぜ豆腐を「丁」で数えるようになったのかは、諸説あるようですが、「丁」が偶数を意味することが有力です。

　昔は豆腐の形状や大きさがまちまちでした。豆腐を売る際に長形のもの1つを2つに切り分けたことが始まりで、豆腐一丁で2個分を指していたのです。ちなみに1個を買う場合は「半丁」といっていました。

　一丁の重さには特に決まった規格はありません。現在も消費者ニーズにより変化していて、100g 〜 500g と多様化しています。関東では 300g が主流ですが、地方により異なり、沖縄のしま豆腐になると、一丁 1kg もあるほどです。

豆腐一丁の大きさはさまざま。

# 絹ごし豆腐
# 木綿豆腐
# 温やっこレシピ

## *Onyakko Recipe*

近年、冬場だけではなく、
夏場も冷え性に悩む女性が増えています。
体があたたまる温かい豆腐レシピをご紹介します。

# 「温やっこ」で 体の中から あたためましょう

　女性の大敵と言えば「冷え」でしょう。寒い冬だけではなく、一年を通して、冷えに悩んでいる女性も多いのではないでしょうか。

　また、冷たいものよりも、温かいものを好まれる方もいるかと思います。そんな方にぴったりの「温やっこ」料理をご紹介します。

　熱々の豆腐にたっぷりの具で、体が芯からあたたまります。そのまま電子レンジやお湯で温めても、もちろんOKですが、重曹を使うと豆腐の角が溶けてとろとろに。口あたりがなんともまろやかです。

　まずは、熱々をお好みの薬味でいただいてみてください。

## 「重曹」とは

　重曹とは、炭酸水素ナトリウムの別名で、主に掃除や洗濯に使うというイメージが強いと思いますが、調理用は、ベーキングソーダとも呼ばれ、安価で手軽に手に入ります。

　薬用、食用、工業用があるので、必ず食用の重曹を使ってください。主に薬局、ドラッグストア、スーパーマーケットなどで購入できます。

　重曹はふくらし粉として活用するほか、食材をやわらかくする性質や、山菜のあく抜きなどに最適な便利食品です。

# 温やっこの作り方

忙しくて調理時間を短縮したいときは
電子レンジや鍋を使って、
ちょっと時間に余裕があるときは、重曹を使って熱々に。
ご都合に合わせて調理法を変えてみてください。

### 電子レンジで、かんたん温め

豆腐はパックから取り出し、耐熱容器に入れて
電子レンジで2～3分加熱。

### 鍋で芯までじっくりと温め

鍋に水をはり、豆腐を入れて火をつけて、中火
でじっくりと温める。沸騰させると、豆腐が固
くなってしまうので、注意が必要。

### 重曹を使って「とろとろやっこ」に

材料　絹ごし豆腐……1丁
　　　重曹……小さじ2
　　　水……1ℓ
1　鍋に水と4等分に切った豆腐を入れて中火
　　にかける。
2　沸騰したら重曹を入れる。
3　弱火にして10分ほど加熱してできあがり。

### 「とろとろやっこ」の作り方
1
2

3

## *Recipe note*

「温やっこ」のレシピは、重曹を使わず、そのままお
湯で温めた豆腐を使っていただいてもかまいません。
「とろとろやっこ」を使わないレシピもあります。

# ふわふわ卵とトマトのスープ
スープのとろみが豆腐に絡んで美味

**材料：2人分**

絹ごし豆腐……½丁
トマト（小玉）…… 1個（100g）
卵…… 1個
中華スープ（市販のスープの素を使用）
…… 300cc
片栗粉…… 小さじ1
水…… 小さじ2
塩、こしょう……適量

**作り方**

1 片栗粉は水で溶いておく。トマトはひと口大に切る。卵は溶きほぐしておく。
2 鍋に中華スープを温めトマトを入れる。トマトがやわらかくなったら水溶き片栗粉を入れ、とろみをつける。溶きほぐした卵を加えさっと混ぜる。塩こしょうで味を調える。
3 温やっこの上に、**2**をかける。

アヒージョとはスペイン語で「にんにく風味」という意味で、オリーブオイルとにんにくで煮込む小皿料理。薄くスライスしたバケットをつけて食べると絶品です。塩豆腐を使うと、一層おいしくなります。

# やっこのアヒージョ

## 温めるだけで豆腐とは思えない1品に

**材料：2人分**

豆腐（絹でも木綿でも）……½丁
にんにく……½片
鷹の爪……½本
塩……小さじ½
E.X.V. オリーブオイル……適量
シェリー酒……適宜
バケット……適量

**作り方**

1 豆腐はひと口大に切ってから、キッチンペーパーに挟み半日ほど置き、きちんと水気をきる。
2 にんにくは皮と芯を取り、薄切りにする。鷹の爪は種を除き小口切りにする。
3 2と塩、豆腐がかぶるくらい（豆腐はまだ入れない）の量のE.X.V. オリーブオイルを入れて弱火にかける。ふつふつと気泡が立ったら豆腐を入れ、10分ほど加熱。火を止め好みでシェリー酒を少々たらす。バケットと一緒にいただく。

# ミートチーズ焼きやっこ

ごちそう感たっぷり！　でもヘルシー

## 材料：2人分

絹ごし豆腐…… 1丁
ミートソース…… 大さじ6
シュレッドチーズ…… 大さじ6

## ミートソースの作り方

### 材料：1人分

合いびき肉…… 300g
玉ねぎ…… ½個
セロリ…… ¼本
にんじん…… ¼本
赤ワイン…… 大さじ2
トマトの水煮…… 300g
砂糖…… 小さじ1
トマトケチャップ…… 大さじ1
ソース…… 大さじ1
バター…… 7g

### 作り方

1　玉ねぎ、セロリ、にんじんはみじ
　ん切りにする。
2　合いびき肉に塩小さじ½、とこしょ
　う（分量外）をふり、ほぐしておく。
3　鍋でオリーブオイル大さじ2（分
　量外）を温め、1を入れて弱火で
　15分ほどじっくり炒める。
4　2を加え中火で5分ほどしっかり
　と炒める。赤ワインを加え汁気が
　なくなるまで加熱する。
5　トマトの水煮と砂糖、トマトケ
　チャップ、ソースを加え、20分ほ
　ど煮込む。最後にバターを加え、
　塩（分量外）で味を調える。

## 作り方

1　きちんと水切りし8等分に切った絹ごし豆腐を
　耐熱容器に入れて、ミートソースとシュレッド
　チーズをのせる。
2　オーブントースターで焼き色がつくまで焼く。
　オーブンの場合は、250℃（余熱あり）で10分
　ほど焼く。

*Recipe note*

ミートソースは市販品を使っても
OKです。時間に余裕のあるとき
は作ってみてください。

# マーボーやっこ

おなじみのマーボー豆腐もやっこにすれば崩れない

## 材料：2人分

絹ごし豆腐…… 1丁
豚ひき肉…… 80g
にんにく…… ½片
しょうが…… ½片
白ねぎ…… ¼本
A
　砂糖…… 小さじ ½
　甜面醤…… 大さじ ½
　しょうゆ…… 大さじ ½
　酒…… 大さじ ½

油…… 大さじ 1
豆板醤…… 小さじ ½
中華スープ…… 100cc
片栗粉…… 小さじ 1
水…… 大さじ 1

## 作り方

1　にんにく、しょうが、白ねぎはみじん切りにする。
2　Aを合わせておく。
3　フライパンで油とにんにく、しょうが、白ねぎを温める。香りがたったら豆板醤を加え炒める。豚肉を加え炒めて色が変わったら、2と中華スープを加え煮立たせる。
4　水で溶いた片栗粉を加えとろみをつける。
5　温やっこの上に、3をかける。

# とろとろチーズオムレツ

より一層まろやかなオムレツに

## 材料：2人分

絹ごし豆腐……½丁
トマト（小玉）……1個（約100g）
にんにく……½片
卵……1個
シュレッドチーズ……大さじ2
オリーブオイル……小さじ2

## 作り方

1 トマトは1cm角に切る。にんにくは芽を除き薄切りにする。卵はボウルに割り入れ軽く混ぜておく。
2 フライパンでオリーブオイルとにんにくを温め、にんにくの周りに気泡がたったら、トマトを加えさっと炒める。シュレッドチーズを加え少し溶けたところで卵を一気に入れて大きく混ぜる。
3 半熟状態のうちに温やっこに、2をのせる。

# スンドゥブ風

具だくさんで大満足

**材料：2 人分**

絹ごし豆腐…… 1 丁
豚薄切り肉…… 40g
あさり…… 10 個
酒…… 大さじ 1
キムチ…… 80g
キムチの漬け汁…… 大さじ 2
中華スープ（市販のスープの素を使用）
……100cc
糸唐辛子……適量

**作り方**

1　あさりは砂抜きしておく。豚肉とキムチは 2 cm幅に切る。
2　鍋にあさりと酒を入れ蓋をし火にかける。あさりの口が開いたら中華風スープを加える。沸騰したら豚肉とキムチ、キムチの漬け汁を加える。
3　豚肉に火が通ったら温やっこにかける。糸唐辛子をのせる。

# めんたいチーズ焼きやっこ

めんたいこのぷちぷちとした食感が豆腐にマッチ

*Recipe note*

シュレッドチーズとは、ナチュラ
ルチーズを細かく切っているもの
で、主にピザなどで使われていま
す。このレシピには、小さく切っ
た餅を一緒にのせて焼いのも、美
味でおすすめです。

**材料：1人分**

絹ごし豆腐……½丁
めんたいこ……1本
マヨネーズ……小さじ2
シュレッドチーズ……大さじ3

**作り方**

1 ボウルに薄皮を取っためんたいことマヨネーズ
を入れて混ぜる。

2 水切りし4等分に切った絹ごし豆腐を耐熱皿に
入れて、1とシュレッドチーズをのせ、オーブ
ントースターで焼き色がつくまで焼く。オーブ
ンの場合は250℃（余熱あり）で8分くらい焼く。

# 韓国風すきやき

野菜たっぷり！ ヘルシー満腹やっこ

**材料：2人分**

絹ごし豆腐…… 1丁
牛薄切り肉……50g
セロリ…… ¼本
にんじん…… ¼本
万能ねぎ…… 3本
えのき…… ¼袋
A
| 白いりごま…… 小さじ1
| コチュジャン…… 小さじ1
| しょうゆ…… 大さじ2
| ごま油…… 大さじ1
卵黄…… 1個

**作り方**

1 万能ねぎ、えのきは3cm長さに切る。セロリ、にんじんは3cm長さの千切りにする。牛薄切り肉は2cm幅に切る。
2 Aを混ぜ合わせ、大さじ1を取り分けて牛肉をつける。
3 フライパにごま油（分量外）を引き、牛肉と野菜を交互に並べる。残りのたれと水大さじ2（分量外）を加え火にかける。
4 野菜に火が通ったら温やっこにのせる。卵黄をのせ、お好みで、ごま油（分量外）をかける。

# 豚キムチ

黄金の組み合わせは安定のおいしさ

**材料：2人分**

木綿豆腐……1丁
豚薄切り肉……60g
にんにく……½片
キムチ……80g
ごま油……小さじ2
酒……小さじ2
しょうゆ……小さじ2
糸唐辛子……適宜

**作り方**

1 キムチと豚薄切り肉は1cm幅に切る。にんにくは芽を除き、薄切りにする。
2 フライパンでごま油とにんにくを温め、にんにくの周りに気泡がたったら、豚薄切り肉を炒める。キムチを加え、酒としょうゆを加え炒める。
3 4等分に切った豆腐の上に、2を汁ごとのせる。お好みで糸唐辛子を飾る。

# 豆腐クリーム
# レシピ

*Tofu cream Recipe*

豆腐クリームに好みの味つけをして、
料理やスイーツに色々使えて
豆腐レシピのバリエーションが広がります。

## 豆腐クリームを作りましょう

生クリームのようにしっとりしているのに、
さっぱり味で、しかもカロリーを気にせずにすむ
魔法のソースを作ってみましょう。
作り方は、豆腐をフードプロセッサーやハンディブレンダーなどで
なめらかになるまで撹拌するだけです。
豆腐とは思えない、濃厚なクリームが出来上がります。

### Recipe note

少量を作る場合は、泡立て器を使っても豆腐をつぶすことができますが、なめらかになるまで、少し時間がかかります。

**作り方**

1 豆腐を適当な大きさにくずす。
2 フードプロセッサーでなめらかになるまで撹拌する。

# バナナ豆腐クリームのグラノーラボウル
朝食におすすめ。エネルギー補給に最適

**材料：2人分**

絹ごし豆腐……1丁（300g）
バナナ……1本
メープルシロップ……大さじ1
グラノーラ……適量
お好みのフルーツ……適量

**作り方**

1 バナナは皮をむき、ラップに包み凍らせたあとに、室温に戻し半解凍しておく。
2 1と軽く水切りした豆腐、メープルシロップをフードプロセッサーなどでなめらかになるまで撹拌する。
3 器に1を入れて、グラノーラとお好みのフルーツを飾る。

# えびとアボカドの豆腐クリームグラタン

手間のかかるグラタンも、豆腐クリームで簡単に

*Recipe note*

皮に入りきらない具材は、耐熱皿
に入れて同様に焼いてお召し上が
りください。

## 材料：2人分

絹ごし豆腐……½丁（150g）
白みそ……小さじ1
白こしょう……適量
むきえび……6個
アボカド……1個
レモン汁……適量
シュレッドチーズ……大さじ4

## 作り方

1 むきえびは酒の入った熱湯で茹でてからざるにあげ、ラップに包んで冷まし、適当な大きさに切る。アボカドは縦半分に切り種を取り、スプーンで中身をくりぬく。適当な大きさに切り、レモン汁をまぶす。

2 軽く水切りした絹ごし豆腐と白みそ、白こしょうをフードプロセッサーなどで、なめらかになるまで攪拌する。

3 1と2をボウルに入れて混ぜ、アボカドの皮に盛りつける。シュレッドチーズをかけてオーブントースターでチーズに焦げ目がつくまで焼く。

# クロックムッシュ

ホワイトソースいらず。カロリーひかえめな嬉しい朝食に。

**材料：2人分**

絹ごし豆腐……½丁（150g）
白みそ……小さじ1
白こしょう……適量（多め）
食パン……2枚
ハム……2枚
シュレッドチーズ……大さじ4
マスタード……適量

**作り方**

1 軽く水切りした絹ごし豆絹腐と白みそ、白こしょうをフードプロセッサーなどでなめらかになるまで攪拌する。
2 食パンにマスタードをぬり、ハムと1をのせシュレッドチーズをのせる。
3 オーブントースターでチーズが溶け薄く焦げ目がつくまで焼く。

## 豆腐を使ってヘルシーマヨネーズ作り

マヨネーズの原料は卵、油、酢です。
この卵のかわりに豆腐を使って作るのが豆腐マヨネーズ。
油の使用料が、一般のマヨネーズよりも少ないので、カロリーも低く抑えられ、
味もコクがあるのにさっぱりして食べやすくなります。
野菜サラダ、野菜スティック、ポテトサラダなどに、通常のマヨネーズと
同様に使ってみてください。

### 材料：2〜3人分

絹ごし豆腐……½丁（150g）
塩……小さじ½
ディジョンマスタード
……小さじ½
レモン汁……小さじ2
オリーブオイル……大さじ2

### 作り方

1 絹ごし豆腐は軽く水切りする。
2 すべての材料をフードプロセッサーなどに入れ、なめらかになるまで撹拌する。

# 豆腐ハニーマヨネーズ

はちみつを加えて、ほんのり甘く。野菜がたっぷり食べられる

### 材料：作りやすい分量

絹ごし豆腐……½丁（150g）
マスタード……小さじ1
はちみつ……小さじ1
塩……小さじ½
こしょう……少々
レモン汁……大さじ½
酢……大さじ1
オリーブオイル……大さじ2

### 作り方

1 絹ごし豆腐は軽く水切りする。
2 すべての材料をフードプロセッサーなどに入れ、なめらかになるまで撹拌する。

# たらこクリームソース

マイルドでクリーミー。野菜にもパンにも相性ぴったり

**材料：2人分**

絹ごし豆腐……¼丁（75g）
辛子明太子……1腹（2本）
レモン汁……小さじ1
E.X.V. オリーブオイル……小さじ1

**作り方**

1　絹ごし豆腐は軽く水切りし、フードプロセッサーなどでなめらかになるまで撹拌する。

2　1に薄皮を取った辛子明太子、レモン汁、E.X.V. オリーブオイルを加えて混ぜる。

## Recipe note

このレシピでは、1cmの角切りにして塩をまぶしてから蒸したじゃがいもに、たらこクリームソースかけています。その他にも、ブロッコリーやかぶなど、お好みの野菜にかけてお召し上がりください。さらに、千切りにした大根を塩もみし、一緒に和えるのもおすすめです。

*Recipe note* ───

フムスは茹でたひよこ豆に、ニンニク、練りごま、オリーブオイルなどを加えてすりつぶしたペースト状の料理。ひよこ豆のかわりに豆腐を使っています。

# 豆腐フムス

## 口当たりが軽くて食べやすい

### 材料：作りやすい分量

木綿豆腐……200g
にんにく……½ 片
クミンパウダー……小さじ ¼
塩、砂糖……各小さじ ¼
白こしょう……適量
白すりごま……大さじ 1
レモン汁……小さじ 2
E.X.V. オリーブオイル……大さじ 2
ピンクペッパー……適宜
バケットやクラッカーなど……適量

### 作り方

1 木綿豆腐はきちんと水切りしておく。にんにくは芽を除き、包丁の背でつぶす。
2 すべての材料（ピンクペッパーとバケット以外）をフードプロセッサーなどで撹拌する。
3 ピンクペッパーを飾り、E.X.V. オリーブオイル（分量外）をかけクミンパウダー（分量外）をふる。お好みで、バケットやクラッカーなどの上にのせていただく。

# クリーミーバーニャカウダソース

あっさり！でもコクがある。しかもヘルシー

## 材料：作りやすい分量

豆腐（絹でも木綿でも）……¼丁（75g）
にんにく……25g
牛乳……適量
アンチョビペースト……大さじ½
E.X.V. オリーブオイル……大さじ2

## 作り方

1 にんにくは芽を取り除いてから、水を入れた鍋に入れ、沸騰したら湯を捨てる。臭みをとるため、牛乳をひたひたに加え、弱火で15分ほど茹でる。

2 軽く水切りした豆腐と、1のにんにく、アンチョビペースト、E.X.V. オリーブオイルをフードプロセッサーなどでなめらかになるまで攪拌する。

# タルタルソース

あっさりソースで油っぽいフライも食べやすく

**材料：作りやすい分量**

絹ごし豆腐……¼丁（75g）
ピクルス（みじん切り）……大さじ1と½
玉ねぎ（みじん切り）……大さじ1
レモン汁……小さじ2

**作り方**

1 絹ごし豆腐は軽く水切りし、フードプロセッサーなどでなめらかになるまで撹拌する。
2 1と、すべての材料を混ぜ合わせる。

# いちごのムース
いちごと豆腐だけで上質なデザートに変身

*Recipe note*

甘みが足りない場合は、お好みで
メープルシロップを増やしてくだ
さい。

**材料：ココット（小）4 個分**

絹ごし豆腐……¼ 丁（75g）
いちご（へたを取る）……250g
レモン汁……小さじ 1
メープルシロップ……大さじ 2
ゼラチン……1 袋（5g）
湯……50cc
ミントの葉……適宜

**作り方**

1　ゼラチンは湯でよく溶かす。

2　いちご、レモン汁、メープルシロップをフードプロ
　セッサーなどでなめらかになるまで攪拌する。トッ
　ピング用に大さじ 4 ほど取り分けておく。

3　2 に軽く水切りした絹ごし豆腐を加えさらに攪拌す
　る。ボウルに移し、1 を加えてしっかりと混ぜる。

4　器に入れて冷蔵庫で冷やし固める。取り分けた 2 を
　かける。お好みでミントの葉を飾る。

# チョコレート豆腐ムース

## 濃厚で本格的なスイーツ！なのにヘルシー

**材料：4人分**

絹ごし豆腐……½丁（150g）
チョコレート
（カカオ70％）……60g
メープルシロップ……大さじ1
リキュール（オレンジキュラソー
など）……小さじ1
アーモンド……適量

**作り方**

1　絹ごし豆腐は室温にもどす。軽く水気をきる。
2　チョコレートを湯煎で溶かし少し冷ましておく。
3　1とメープルシロップ、リキュールをフードプロ
　　セッサーなどで攪拌する。2を少しづつ加えなが
　　らさらに攪拌し、なめらかにする。
4　冷蔵庫でしばらく置いたあと、器に盛り、くだいた
　　アーモンドをトッピングする。

*Recipe note*

豆腐が冷たいとチョコレートが分
離してしまうので、必ず室温に戻
してください。

# 美容と健康によい豆腐
—— 豆腐は古くて新しい健康食品

豆腐を精進料理として食していた僧侶や、豆腐を多くとる地方に長寿者が多いため、昔から「豆腐は長寿食」と言われています。なぜ美容と健康にいいと言われているのでしょうか。

**① 豆腐作り用の豆腐には、特にタンパク質が豊富で、油分の少ない大豆を使っている**

豆腐作りの工程において、原材料である大豆のタンパク質は、約80％が豆乳に抽出され、うち約90％が豆腐へ移行します。脂質は豆乳に約75％抽出され、うち95％が豆腐へ移行。良質なタンパク質と脂質が豊富に含まれている栄養食であるため「畑の肉」と言われています。

**② 大豆は消化がよくないが、豆腐は消化がとてもよい**

消化の悪い食べ物は、胃に負担をかけますが、大豆をしぼって豆乳にしている豆腐の消化吸収率は92〜98％と言われています。高齢者や離乳食にも使える、万人向きの食品です。

**③ 女性にうれしいイソフラボノイド**

女性ホルモン（エストロゲン）に似たイソフラボノイドが植物の中で最も多く含まれているのが大豆です。更年期障害など女性ホルモンの減少によって起こる骨粗鬆症は、骨からカルシウムが溶け出してしまうために、骨がもろくなる症状です。このカルシウムの溶け出しを抑制する効果がイソフラボノイドにあることが知られています。

ほかにも、更年期障害などで起こる高血圧やコレステロールの抑制などの効果も期待できます。

そのほかにも、大豆に含まれるレシチンが動脈硬化や、脳の老化予防に、サポニンが、活性酵素を抑制し体の酸化を防いでくれるので、成人病や老化予防に効果を発揮します。

またビタミンEも含まれているので、血行をよくし美肌づくりに役立つ嬉しい食品です。

# 豆 腐 の 見 分 け 方
―― 表示の見方、賞味期限と消費期限について

## 豆腐の見分け方

　比較的、安価であることも豆腐の魅力のひとつでしょう。とはいえ 100 円をきるものから、100 円 ～ 200 円台のものまで値段差があります。この値段差は何によるものだと思われますか。

### ① 値段差は、大豆、凝固剤、製法の違いによる

#### ① 大豆の違い

　使用される大豆は、大きく３つに分けられます。使用量が多いのが輸入大豆、次が国産大豆「フクユタカ」などの奨励品種、最も少ないのが在来種の国産大豆。輸入大豆に比べて国産大豆のほうが高タンパクとなっています。
● 輸入大豆は食用に大量に栽培されているため手に入れやすい。最近は品質も向上してきています。
● 奨励品種は国から補助金が出るために、在来種に比べると比較的安価で流通させることができます。いわゆる「一般的な大豆」です。

● 在来種はその土地に伝わる昔からある希少な大豆。その大豆によってタンパク質の含有率が違ったりするという特徴があるので、それぞれの特徴を知って豆腐を作るところが職人の腕の見せどころといえます。

#### ② 凝固剤の違い

　豆乳を固めるために不可欠となるのが、凝固剤です。この凝固剤にも特質があります。

▶塩凝固

【にがり】
　海水から塩を採った残りのものから産出されるミネラル分を多く含む粉末、または液体です。味の特性としては、塩気により大豆の旨みや甘みを引き出すため、大豆本来の味を強調する豆腐作りに向いています。

【すまし粉】
　天然ものは石膏から作られていますが、現在は化学的に合成されたものが多く使われています。味の特性としては、舌触りがよく滑らかで弾力があり、淡泊でクセのない豆腐となります。つるんとした食感で型崩れしないので、

湯豆腐などに向いています。

【塩化カルシウム】

　にがりよりも凝固反応が早く水に溶けやすいという特性があります。固い豆腐ができ、主に油揚げや凍り豆腐用に使われています。

【硫酸マグネシウム】

　単独で使われることはほぼないに等しく、にがりやすまし粉との配合剤として使われています。

▶酸凝固

【グルコノデルタラクトン】

　澱粉を原料とし、発酵法により作られたもの。水に溶けグルコン酸となり凝固します。味の特性としては、少し酸味が残ることがあります。

③ 製法の違い

　技術の向上により高品質で大量生産が可能になりました。一方で職人に技術を要する手作り豆腐は、また違った味わいがあります。豆腐屋さんの手作り豆腐が比較的高価になるのは当然と言えるでしょう。

　大豆の種類や凝固剤は、豆腐のパッケージに表示されているので確認してください。

② 添加物にも目配りを

　凝固剤のほかにも、「消泡剤」が添加物として含まれています。消泡剤とは、大豆を煮沸したときに出る泡を消すために使用されるものです。泡があるとなめらかな食感と豆腐の表面がきれいに仕上がらなくなります。さらに日持ちが悪くなるので必要なものです。

▶主な消泡剤

【油脂系消泡剤】

　パーム油、菜種油、大豆油など食物由来の油脂、硬化油に炭酸カルシウムなどを混合し均質化したもの。

【グリセリン脂肪酸エステル】

　食用油脂とグリセリンを反応させて作ったもので、乳化剤として広く用いられている。

【シリコーン樹脂】

　自然界に広く存在する「ケイ石」を構成するケイ素が主成分。ケイ素は酸素と結びついてケイ石として存在しています。ケイ石を還元して金属ケイ素を作り、複雑な化学反応を加えて作り出したのが、シリコーン樹脂です。

## 表示の見方

　現状では、消泡剤の表示は義務ではないので、表示されていなくても使用されているものはたくさんあります。消泡剤は、食品衛生法で加工中に消滅、または最終食品に残っていても、微妙（キャリーオーバーという）な「加工助剤」として扱われているからです。

## 賞味期限と消費期限

　パッケージ表示には、賞味期限と消費期限が記載されています。表示されている保存法で、未開封のものに関して、「賞味期限」はおいしく食べられる期限、「消費期限」は安心して食べられる期限です。

　パッケージの中に隙間なく豆腐が入っている充填豆腐は、豆乳と凝固剤を容器に詰めてから加熱して固めるので菌の繁殖を抑えられ、賞味期限が1〜2か月と長く設定されています。

　豆腐は冷蔵保存をして早めに食べる必要がありますが、光や空気を遮断するアルミ入り紙容器と、独自の殺菌システムにより、要冷蔵で180日間、日持ちがする豆腐も市販されています。

**1. 大豆の種類**
この豆腐には「フクユタカ」が使用されていることが表示されている。

**2. 消泡剤の表記**
消泡剤はすべての豆腐に含まれているわけではなく、泡が立たない製造設備を取り入れたり、手作業などで泡を取り除いたりしているものがあり、それらは「消泡剤不使用」という表記がある。

**3. その他の添加物**
大豆や凝固剤のほかにも、さまざまな添加物が使われているものがあるので、表示を確認することをおすすめします。

**山口はるの**（やまぐち・はるの）

料理家、豆腐創作料理研究家。豆腐マイスター協会理事。大手料理教室の料理講師を経て、2010年より料理教室「spring' kitchen」主宰。11年、「豆腐フェア」にて、豆腐レシピ準グランプリを受賞し、12年より豆腐マイスター講座の初期認定講師となる。15年、豆腐マイスターアワード賞受賞。料理教室を主宰するほか、企業などへのレシピ提供、コラム執筆、イベント出演、テレビ、新聞、雑誌などで幅広く活躍中。
spring' kitchen「スプリングキッチン」
https://www.spring-kitchen.com/

**スタッフ**

料理アシスタント：鍛冶オリエ／舟久保琴恵
撮影：中川真理子
ブックデザイン：白畠かおり
スタイリング：山口はるの

**協力**

豆腐：さとの雪食品㈱／京の地豆腐　久在屋／㈱おとうふ工房いしかわ
野菜：フードカルチャー・ルネサンス／まっか農園（うきは市）
食器：UTUWA（うつわ）
調味料：職人醤油／パワジオ倶楽部・前橋／㈱ベリッシモ

参考文献：豆腐マイスター認定講座テキスト
　　　　　冊子豆腐（一般財団法人全国豆腐連合会）

山口はるのの　かんたん！おいしい！
# 美的創作「豆腐」レシピ
2017年7月24日　初版第1刷発行

著　者　　山口はるの
　　　　　ⓒ Haruno Yamaguchi 2017, Printed in Japan
発行者　　藤木健太郎
発行所　　清流出版株式会社
　　　　　〒101-0051　東京都千代田区神田神保町3-7-1
　　　　　電話　03-3288-5405
　　　　　編集担当　松原淑子
　　　　　http://www.seiryupub.co.jp/

印刷・製本　大日本印刷株式会社

乱丁・落丁本はお取替えします。
ISBN 978-4-86029-464-9